親愛的月亮

文·圖 安德烈德昂　譯 李靜雯

格 林 文 化
www.grimmpress.com.tw

親愛的月亮，聽，我的心在為你歌唱

你是如此的美麗

充滿了神祕和想像

跟你在一起，每一天都像是春天

也像是聖誕節

跟你在一起的每一天都充滿喜樂

充滿溫馨

你是我心中美麗的旋律

也是我心中的太陽

你懂我，我也懂你

只要我們在一起

一切都這麼的有趣

臉上總會綻放笑容

你總是在我的心裡

不管你要去哪裡，我都願意陪著你

一起翱翔

一起探險

一起拜訪全世界

一起開心的度過每個紀念日

我們擁有同樣的熱情

總是一起幻想做夢

無論你做任何事情

無論你去任何地方

我總是能找到你

我會永遠陪在你身旁

因為你，是我最親愛的朋友

To:_____

From:_____

安德烈德昂作品

親愛的月亮

文・圖 / 安德烈德昂　譯 / 李靜雯
總編輯 / 郝廣才　責任編輯 / 詹敬農　美術編輯 / 葉欣融
出版發行 / 格林文化事業股份有限公司
地址 / 台北市新生南路二段2號3樓
電話 / (02)2351-7251　傳真 / (02)2351-7244
網址 / www.grimmpress.com.tw

讀者服務中心 / 書虫俱樂部
讀者服務專線 / (02)2500-7718～9
24小時傳真服務 / (02)2500-1990～1
郵撥帳號 / 19863813　書虫股份有限公司
網址 / www.readingclub.com.tw
讀者服務信箱E-mail / service@readingclub.com.tw
香港發行所 / 城邦（香港）出版集團
地址 / 香港灣仔駱克道193號東超商業中心1樓
電話 / 852-25086231　傳真 / 852-25789337
馬新發行所 / 城邦（馬新）出版集團 Cite (M) Sdn. Bhd. (458372 U)
地址 / 11, Jalan 30D/146, Desa Tasik, Sungai Besi, 57000 Kuala Lumpur, Malaysia
電話 / 603-90563833　傳真 / 603-90562833

ISBN / 978-986-189-207-8
2010年5月初版1刷
定價 / 250元

城邦讀書花園
www.cite.com.tw